Mantras

von

Scheimea

Lichtwesen im Universum

Autor: Rosemarie Eichmüller

Die Deutsche Nationalbibliothek verzeichnet diese Publikation in der Deutschen Nationalbibliografie- detaillierte bibliografische Daten über http://www.d-nb.de im Internet abrufbar.

Impressum

Autor: Rosemarie Eichmüller

Homepage: lebenswegbegleiterin.de

Titel: Mantras von Scheimea Lichtwesen im Universum

Alle Rechte vorbehalten

Satz: Rosemarie Eichmüller

Herstellung und Verlag: BoD - Books on Demand, Norderstedt

ISBN: 9783756820153

Vorwort

Ich lege Ihnen diese einziartigen Mantras ans Herz. Ich habe sie erhalten und mich einige Zeit intensiv damit beschäftigt. Es war für mich eine außergewöhnliche Reise, in der ich mich immer klarer wahrnehmen konnte. Die Themen, die ich noch nicht in Licht und Liebe eingehüllt hatte, wurden sichtbar und spürbar. Doch ich war mutig und bin mit meiner Wahrnehmung noch einmal eingetaucht. Die Energie der Mantras führten mich und mein Licht wurde heller und größer.

Immer mehr Bereiche in mir fingen das Leuchten an.

Es hat mich sehr berührt und dafür bin ich sehr dankbar.

Unsere Kraft und Macht hat im Licht der Liebe ihren

Ursprung.

Durch das Sprechen der Mantras breitet sich euer Licht aus.

Ihr werdet es fühlen, dass ihr immer mehr in Harmonie

und Einklang kommt.

Eure Wahrnehmung ist auf das Licht ausgerichtet, in euch

und um euch herum.

Lasst uns gemeinsam die Welt mit unserem Licht erhellen.

Botschaft von Scheimea

Lichtwesen im Universum

Ich grüße Euch ihr wundervollen Seelen.

Mein Name ist Scheimea.

Meine Aufgabe ist es Euch zu begleiten und zu unterstützen.

Daher möchte ich Euch Worte aus meiner Licht-Ebene schenken.

Die Worte, die ihr Mantras nennt, werden euch die Erinnerung zurück bringen, wer ihr in Wahrheit seid.

Jeder von Euch ist auf seine Art und Weise einzigartig.

Ihr habt Euch vieles vorgenommen, an das was ihr Euch

jetzt erinnern dürft.

Denn es ist wichtig für jeden einzelnen wahrzunehmen, was

für ein strahlendes Lichtwesen ihr seid.

Ich schenke Euch die Mantras, damit ihr Euch erinnert und

um euer Licht zu aktivieren.

Ich schenke Euch die Mantras, damit ihr in eurem

wunderschönen Licht euch geborgen und unendlich geliebt

fühlt.

Aus dieser Geborgenheit und Liebe werdet ihr die Kraft schöpfen für eure Aufgaben auf der Erde.

Ich wünsche Euch mit den Mantras eine wunderbare Reise zu eurem Licht, dass ihr seid.

Meine Liebe begleitet Euch und mein Licht hüllt Euch ein.

Scheimea Lichtwesen

im Universum

Ich lasse in jede Zelle meines Körpers

Licht fließen

Tamkrea su namata del sria duwei

Ich fühle meine

lichtdurchfluteten Zellen

zaranue toma diersa jewanta do

Jede Zelle meines Körpers ist Licht

Ich lasse in meine Adern Licht fließen

Kamtra su nomenia srie

tala tala miu

ich fühle meine

lichtdurchfluteten Adern

Zerano mantikolei sra tue wa

Meine Adern sind Licht

Ich lasse durch meine Wirbelsäule

Licht fließen

leiramana siero tue wa komsa

Ich fühle meine lichtdurchflutete

Wirbelsäule

Kierasomatra sumerto luisan towa

Meine Wirbelsäule ist Licht

Ich lasse durch meine Speiseröhre

Licht fließen

Gowenta siemeina due sola nowei

Ich fühle meine lichtdurchflutete

Speiseröhre

Komosentra diewaschnu bucherto nie

Meine Speiseröhre ist Licht

Ich lasse in mein Herz Licht fließen

Jesantra dukierla mia wa sontra

Ich fühle mein lichtdurchflutetes Herz

namasoma nietu ducherla no

Mein Herz ist Licht

Ich lasse in meine Lungen

Licht fließen

Garwechu sriemei nuteka dower

Ich fühle meine lichtdurchfluteten Lungen

Latoma sie buchenta domenei

Meine Lungen sind Licht

Ich lasse in meine Nieren

Licht fließen

Osemuta schiekoka hermoneisa die

Ich fühle meine lichtdurchfluteten Nieren

Uwanta benokerla duwenei

Meine Nieren sind Licht

Ich lasse in meinen Magen

Licht fließen

Neironu sa drkala bechta numenta

Ich fühle meinen lichtdurchfluteten

Magen

Derwoleischa sienumo drawa srujenie

Mein Magen ist Licht

Ich lasse in meine Leber

Licht fließen

Tiramentu srie tomasero nu

Ich fühle meine lichtdurchflutete Leber

Omekusala gerofero kalamie nutra so

Meine Leber ist Licht

Ich lasse in meinen Darm

Licht fließen

Latonka srie zukala numento da

Ich fühle meinen lichtdurchfluteten Darm

uwesro omekaterscha diemei nata

Mein Darm ist Licht

Ich lasse in meine Verletzungen

Licht fließen

Perochusa domenika sierlatru dre

Ich fühle meine lichtdurchfluteten

Verletzungen

Kreoschukala siemanei tratenta dierwo

Meine Verletzungen sind Licht

Ich lasse in mein Gefühl der Traurigkeit

Licht fließen

Hukerto su numantra srienata dewei

Ich spüre mein lichtdurchflutetes Gefühl

der Traurigkeit

Kerunka rafentero gosa dukerka no

mein Gefühl der Traurigkeit ist Licht

Ich lasse in meine Enttäuschungen

Licht fließen

Sumenito pachuna gawei lerosrie

Ich fühle meine lichtdurchfluteten

Enttäuschungen

Jawano ulermo na wescholimanka

Meine Enttäuschungen sind Licht

Ich lasse in meine Augen

Licht fließen

Kerumenei dierso fukala nie

Ich fühle meine lichtdurchfluteten Augen

Hakoschtra dumenoi mewuchtra srie

Meine Augen sehen das Licht

Ich lasse in mein Bewusstsein

Licht fließen

Kaweisuntra sienomekira schenunka

Ich fühle mein lichtdurchflutetes

Bewusstsein

Aschtra sie numerkla nonka du

Mein Bewusstsein ist Licht

Ich lasse in meine Gedanken

Licht fließen

Haka subero fochema neisu

Ich fühle meine lichtdurchfluteten

Gedanken

Iwanerka zapawecho lecheima sie

Meine Gedanken sind Licht

Ich lasse in alles was ich sehe

Licht fließen

Watenga dumeriko farei tatenka sie

ich fühle alles was ich sehe lichtdurchflutet

Omenirka sruwenta niemeno jesasru

Alles was ich sehe ist Licht

Ich lasse in mein ganzes Sein das

Ur-Licht des Universums fließen

Jewantra su diemoniko schielonkra dier

Ich fühle mein ganzes Sein lichtdurchflutet mit

dem Ur_Licht des Universums

kamasuntra noweidum rochaschierto luweno

Mein ganzes Sein ist das

Ur-Licht des Universums

Ich lasse in meinen Alltag

Licht fließen

Sumerikola sanertu mia wa druje

Ich fühle meinen lichtdurchfluteten Alltag

Wuchero grosemanie lawei siera lawei

Mein Alltag ist Licht

Ich lasse in meine Träume

Licht fließen

seirokla diemanisa tue

Ich fühle meine lichtdurchfluteten Träume

uweseiman dioliema beischader

Meine Träume sind Licht

Ich lasse in meine Berufung

Licht fließen

seimanitru sierloka dusa mia wa

Ich erkenne und fühle meine Berufung

lichtdurchflutet

kamasutro diawenta dukeila srie

Meine Berufung ist Licht

Ich lasse in alle Mitglieder meiner

Menschheitsfamilie

Licht fließen

Komenitrusa domenierko sunatatra sie

Ich fühle meine lichtdurchfluteten

Mitglieder meiner Menschheitsfamilie

Wir sind Licht

Liebe und Licht ist unser Usprung

Meroschiekeila nusra towa

Liebe ist unser aller Sprache des Herzens

Namenikusa weromutala domainder

Du und Ich sind Eins in der Liebe und

im Licht

Derwasra su mitolakerta fujewei nie

Öffne dein Herz liebes Menschenkind

Utala sie musero kurmo na

Ich zeige dir deinen Weg

Wuschona rosuner tala zuwe tala

Ich öffne mein Herz und gehe

vertrauensvoll den Weg der Liebe

Mirosu terkaltra niemanie suweschro no

Kalentera su komturaschnie sawa

toleweschenga srie nusala

furokelmana dier soreina

wotano sie numana tue soi

Ich öffne mich meiner wahren

Bestimmung und nehme sie in Liebe und

Dankbarkeit an

Tierana sriemata nuntero

feroschielemna du sukara dir

Meisola schewerla sie

zarnumeo dawei seikala mi

Meine Wahrnehmung ist auf das Licht

und die Liebe ausgerichtet

Scherunka diesolmenika dierma so wa

ruchasra olekerta srie

muisena sie towenka nu

Ich nehme meine Aufgaben, die meine

Seele sich vorgenommen hat, an

Meiraschru sia wuterka domanidei

Ich erfülle sie mit Hingabe und Liebe

Alles was geschieht hat seinen Grund

Tuteleima srienata duwe no

Vertraue liebe Seele und schöpfe daraus

deine Kraft

Reischuka sriermonsa due

weschofere dumein

Ich bin geborgen in der Liebe

Ich lasse in den Planeten Erde

Licht fließen

takermantola sriemanta sulo da sra

Ich fühle den lichtdurchfluteten Planeten

Erde

kraschujewei domento furanie su

Der Planet Erde ist Licht

Ich lasse in die Dunkelheit in mir

Licht fließen

lamerko sriemata diaserwes tula

Ich fühle die lichtdurchflutete Dunkelheit

in mir

nanta sro lojewa sie no mantu

Die Dunkelheit in mir ist Licht

Ich Bin ein Lichtwesen

sramento sumerka dier

Ich nehme die Kraft und die Macht

meines Lichts an

omaschru komunekar de neiklei dabersa

Ich lebe das Licht, dass ich bin und

schenke es der Welt

Alle Wesen im unendlichen Universum

bestehen aus reinem Licht

jewaschruka donana sie ranemo sa

Alle Wesen im unendlichen Universum

sind in Liebe miteinander verbunden

Lakeschtra su miawocha denomenkra sier

Mein Licht und dein Licht ist Liebe

Ich erinnere mich, dass ich ein

Lichtwesen und

in Liebe mit Allem verbunden bin

Keinanta siemanischka sruwerlo haltera

diasomencha demein woschukra dresei

Ich bin bereit mein Licht zu leben und

dein Licht zu fühlen

Seiramtu sienalo fuerkaltra dierneiga

srukama mi dawei buchta rue

Ich bin an deiner Seite

und unterstütze dich

du wunderschönes Seelenlicht

Scheimea Lichtwesen im Universum

Gleite auf dem Strom des Lichts

und

lasse deinen Weg leuchten

Tiaremta suroka dowei jewantra su

Ich Bin das Licht

Srukerlo patenga durescho komo sa wa

Ich danke dir

Scheimea, Lichtwesen im Univerum

für die einzigartigen

Mantras

Ich danke dir für deine Begleitung und

Unterstützung

Wir fühlen uns im Licht verbunden